J.K. ROWLING

Buona Vita a Tutti

I benefici del fallimento e l'importanza dell'immaginazione

Traduzione di Guido Calza

TEA

Per informazioni sulle novità
del Gruppo editoriale Mauri Spagnol visita:
www.illibraio.it

TEA – Tascabili degli Editori Associati S.r.l., Milano
Gruppo editoriale Mauri Spagnol

www.tealibri.it

First published in the United States in 2015 by Little, Brown and Company, a division of the Hachette Book Group
First published in England by Sphere

Adattamento delle illustrazioni per questa edizione di Andrea Falsetti / Cahetel
Book design by Mario J. Pulice

Edizione su licenza della Adriano Salani Editore

Titolo originale
Very Good Lives. The Fringe Benefits of Failure and the Importance of Imagination

Prima edizione TEA novembre 2023

Buona Vita a Tutti

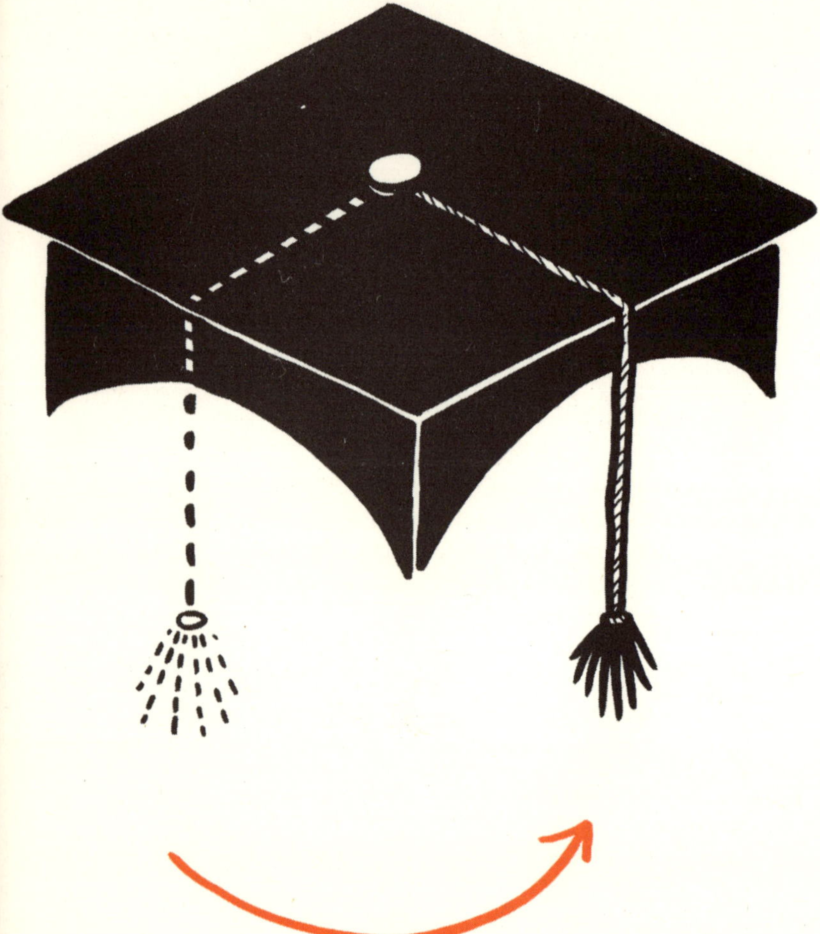

Presidente Faust, membri dell'Harvard Corporation e del Board of Overseers, membri del corpo docente, genitori orgogliosi e, soprattutto, laureati.

grazie

La prima cosa che vorrei dire è 'grazie'. Non solo per lo straordinario onore che Harvard mi ha concesso, ma anche perché le settimane di paura e di nausea che ho sopportato al pensiero di pronunciare questo discorso alla cerimonia di laurea mi hanno fatta dimagrire. Un vantaggio inaspettato! Adesso non mi resta che fare qualche respiro profondo, sbirciare di sottecchi gli stendardi rossi e convincermi di essere al più grande raduno al mondo dei Grifondoro.

Tenere un discorso alla cerimonia di conferimento dei diplomi è una grande responsabilità, o almeno così pensavo finché non sono riandata con la mente alla mia stessa laurea. A parlare quel giorno era un'illustre filosofa inglese, la baronessa Mary Warnock. Riflettere sul suo discorso mi ha enormemente aiutata a

scrivere il mio, perché è risultato che non ricordo una sola parola di ciò che disse. Tale liberatoria scoperta mi consente di proseguire senza timore di sviarvi da una promettente carriera negli affari, nella giurisprudenza o nella politica per orientarvi inavvertitamente verso le frivole soddisfazioni professionali di un mago gay.

Visto? Se negli anni a venire non vi ricordaste nient'altro che la mia battuta sul mago gay, me la sarei comunque cavata meglio della baronessa Mary Warnock. Darsi obiettivi realizzabili: è il primo passo per migliorare se stessi.

In verità, per decidere cosa dirvi oggi mi sono spremuta il cuore, oltre che le meningi. Mi sono chiesta cosa avrei desiderato sapere il giorno della mia laurea e quali importanti lezioni ho imparato nei ventun anni trascorsi da quel giorno.

L'importanza dell'IMMAGINAZIONE

Mi sono data due risposte. In questo giorno magnifico, in cui siamo riuniti a celebrare il successo dei vostri studi universitari, ho deciso di parlarvi dei benefici del fallimento. E ora che siete sulla soglia di quella che talvolta viene chiamata 'la vita vera', desidero esaltare la fondamentale importanza dell'immaginazione.

DIFFICILE

Le mie potranno sembrarvi scelte donchisciottesche o paradossali, ma vi prego di avere un attimo di pazienza.

Rivedere la ventunenne che ero il giorno della laurea è un'esperienza leggermente sgradevole per la quarantaduenne che sono diventata. Mezza vita fa, cercavo un difficile equilibrio fra le mie ambizioni personali e le aspettative dei miei cari.

EQUILIBRIO

STRA
VA
GANZE

Ero convinta che l'unica cosa che avrei voluto fare nella vita fosse scrivere romanzi. Tuttavia i miei genitori, che avevano entrambi alle spalle un passato di ristrettezze e non erano andati all'università, consideravano la mia fervida immaginazione come una simpatica stravaganza, che non mi avrebbe mai permesso di pagare un mutuo o di assicurarmi una pensione. Adesso, mi rendo conto, è un'ironia che colpisce con la forza di un'incudine in un cartone animato.

Insomma, speravano che prendessi un diploma professionale, mentre io volevo studiare Lettere. Trovammo un compromesso che, con il senno di poi, non soddisfò nessuno, e finii per iscrivermi a Lingue moderne. L'automobile dei miei genitori aveva a malapena svoltato l'angolo che io disertai la lezione di tedesco per svignarmela nel corridoio di Lettere classiche.

Non ricordo di aver mai detto ai miei che studiavo Lettere classiche: può darsi che lo abbiano scoperto il giorno in cui mi sono laureata. Di tutte le materie al mondo, penso che avrebbero faticato a nominarne una più inutile della mitologia greca per garantirsi le chiavi di una toilette per dirigenti.

Vorrei chiarire, fra parentesi, che non biasimo i miei genitori per il loro punto di vista. C'è una data di scadenza oltre la quale non puoi incolpare i tuoi genitori per averti spinto nella direzione sbagliata; dal momento in cui diventi abbastanza grande per prendere il timone, la responsabilità spetta solo a te. Inoltre non posso certo rimproverare ai miei di aver sperato che non sperimentassi mai la povertà. Erano stati poveri, e anch'io lo sono stata in seguito, e convengo con loro che non è un'esperienza nobilitante. La povertà comporta paura, stress e in certi casi depressione; impone mille piccole rinunce e umiliazioni. Uscirne con le proprie forze, di questo sì che si può andare fieri, ma solo gli sciocchi vedono nella povertà qualcosa di romantico.

A spaventarmi più di tutto, alla vostra età, non era tanto la miseria quanto il fallimento.

Alla vostra età, malgrado una palese mancanza di motivazione all'università, dove trascorrevo molto più tempo al bar a scrivere racconti che a lezione, avevo un certo talento nel passare gli esami e per anni era stata quella la misura del successo nella vita, per me e i miei simili.

Non sono così ottusa da pensare che siccome siete giovani, dotati e istruiti, non abbiate mai conosciuto le difficoltà o il dolore. Il talento e l'intelligenza non hanno mai vaccinato nessuno contro i capricci del Fato, e nemmeno per un istante darò per scontato che i qui presenti abbiano tutti goduto di un'esistenza di imperturbato privilegio e soddisfazione.

Tuttavia, il fatto che vi stiate laureando a Harvard lascia pensare che non conosciate tanto bene il fallimento. A motivarvi potrebbe essere la paura del fallimento, tanto quanto il desiderio di successo. Anzi, forse la vostra idea del fallimento non è così distante da quella che una persona qualunque ha del successo, considerato che siete abituati a volare alto.

ABITUATI A
VOLARE
ALTO

“Nessuno era più fallito di me”

In fin dei conti ognuno deve decidere da sé cosa considera un fallimento, benché il mondo sia piuttosto ansioso di fornirti un insieme di criteri, se solo glielo permetti. Quindi credo di poter dire che, in base a qualunque parametro convenzionale, ad appena sette anni dal giorno della laurea avevo già fallito clamorosamente. Il mio matrimonio era imploso in tempi straordinariamente brevi, non avevo un lavoro, ero una madre sola ed ero povera quanto lo si può essere ai nostri giorni in Gran Bretagna pur conservando un tetto sulla testa. Quello che avevano temuto i miei genitori, così come quello che temevo io stessa, si era avverato e, secondo tutti i canoni comuni, non conoscevo nessuno più fallito di me.

Ora, non starò qui a raccontarvi che il fallimento è uno spasso. Fu un periodo buio della mia vita e non potevo certo aspettarmi quello che in seguito la stampa ha presentato come una specie di finale da favola. Non avevo idea di quanto fosse lungo il tunnel e per molto tempo la luce alla fine fu più speranza che realtà.

Allora perché parlare dei benefici del fallimento? Per il semplice fatto che il fallimento mi costrinse a eliminare tutto ciò che era superfluo. Smisi di illudermi di essere qualcosa che non ero e presi a incanalare ogni mia energia nel portare a termine l'unico lavoro che mi stava a cuore. Se davvero avessi avuto successo in qualcos'altro, forse non avrei mai

trovato la forza di riuscire nell'unico campo a cui ero convinta di appartenere veramente. Con il realizzarsi della mia più grande paura mi ero ritrovata libera, ero ancora viva, avevo una figlia che adoravo, avevo una vecchia macchina da scrivere e un'ottima idea. E così il fondo che avevo toccato diventò la solida base su cui ricostruii la mia esistenza.

Magari non vi capiterà di fallire in maniera altrettanto disastrosa, ma nella vita è inevitabile una certa dose di insuccesso. È impossibile vivere senza fallire in qualcosa, a meno di vivere così prudentemente che tanto varrebbe non vivere affatto... nel qual caso si fallirebbe in partenza.

Fallire mi ha dato una sicurezza interiore che superando gli esami non avevo mai provato. Fallendo ho imparato cose su di me che non avrei potuto apprendere in nessun altro modo. Ho scoperto di possedere una grande forza di volontà e più disciplina di quanto sospettassi. Ho scoperto anche di avere degli amici il cui valore è di gran lunga superiore alle perle.

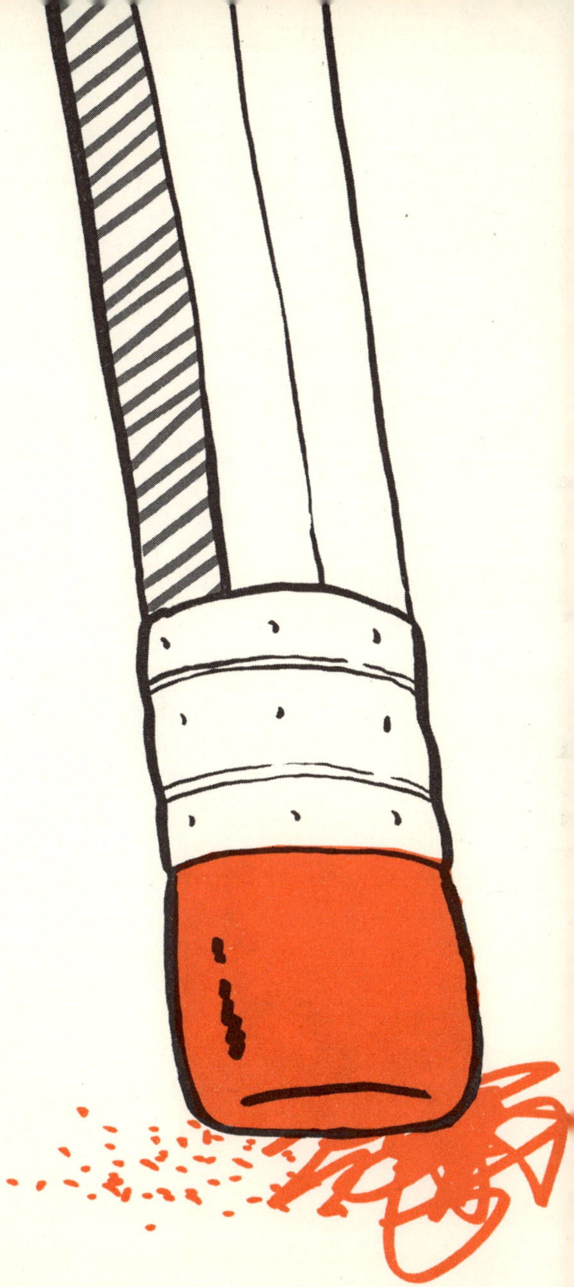

La consapevolezza di essere emersi più saggi e più forti dalle contrarietà significa che, da quel momento in poi, sarete certi della vostra capacità di sopravvivere. Non conoscerete mai veramente voi stessi o la forza dei vostri rapporti finché le avversità non vi avranno messi alla prova. Questa consapevolezza è un vero e proprio dono, per quanto la si guadagni soffrendo, e si è dimostrata più preziosa di qualunque titolo io abbia mai conseguito.

umiltà

Dunque, se avessi una GiraTempo, direi alla ventunenne di una volta che la felicità personale consiste nel sapere che la vita non è una lista da spuntare di conquiste e risultati. I vostri titoli di studio, il vostro curriculum non sono la vostra vita, anche se incontrerete molte persone mie coetanee e più vecchie che confondono le due cose. La vita è difficile, complicata e sfugge al controllo di chiunque, e l'umiltà di capirlo vi consentirà di sopravvivere alle sue vicissitudini.

Adesso penserete che abbia scelto il secondo tema, l'importanza dell'immaginazione, per via del ruolo che ha giocato nel ricostruire la mia vita, ma non è del tutto vero. Per quanto mi riguarda difenderò fino all'ultimo respiro il valore delle storie della buonanotte, tuttavia ho imparato ad attribuire all'immaginazione un valore molto più ampio. L'immaginazione non è soltanto la capacità unicamente umana di figurarsi ciò che non esiste, e di conseguenza la fonte di ogni invenzione e innovazione: nella sua qualità forse più trasformativa e rivelatoria, è la forza che ci consente di provare empatia per esseri umani di cui non abbiamo mai condiviso le esperienze.

Una delle più importanti esperienze formative della mia vita è precedente a Harry Potter, sebbene poi abbia permeato molto di ciò che scrissi in quei romanzi. La rivelazione prese la forma di uno dei miei primi impieghi fissi. Benché nella pausa pranzo me la squagliassi per scrivere racconti, a vent'anni e rotti mi pagavo l'affitto lavorando nel dipartimento di ricerche sull'Africa di Amnesty International, presso la sede principale di Londra.

Là nel mio ufficetto lessi lettere clandestine, scritte precipitosamente da uomini e donne che rischiavano il carcere per informare il mondo di quanto stava loro accadendo in regimi totalitari. Vidi le fotografie di quelli che erano spariti senza lasciare traccia, spedite ad Amnesty da parenti e amici disperati. Lessi le testimonianze delle vittime della tortura e vidi le foto delle ferite che avevano riportato. Aprii i resoconti scritti a mano dei testimoni oculari di processi ed esecuzioni sommarie, di sequestri e stupri.

Molti miei colleghi erano ex prigionieri politici e avevano dovuto abbandonare le proprie case o fuggire in esilio per aver avuto l'ardire di esprimersi contro il loro governo. Ai nostri uffici si rivolgevano anche persone che venivano a dare informazioni o a cercare di scoprire cosa ne era stato di coloro da cui si erano separati.

Non dimenticherò mai un africano vittima della tortura, un giovane che avrà avuto al massimo la mia età e soffriva di disturbi mentali causati da ciò che aveva subito in patria. Tremava in modo incontenibile mentre parlava a una videocamera delle brutalità che gli erano state inflitte. Era trenta centimetri più alto di me e sembrava fragile come un bambino. Ero stata incaricata di riaccompagnarlo alla fermata della metropolitana e quell'uomo, a cui la crudeltà aveva distrutto la vita, mi strinse la mano con delicata gentilezza e mi augurò di essere felice.

UN
TREMENDO
URLO
DI
DOLORE

E, finché vivo, ricorderò di avere improvvisamente udito, mentre camminavo per un corridoio vuoto, oltre una porta chiusa, un tremendo urlo di dolore come non mi è più capitato di sentire. La porta si aprì, la ricercatrice mise fuori la testa e mi chiese di preparare subito una bevanda calda per il giovane che le sedeva davanti. Gli aveva appena comunicato che, come ritorsione per la sua chiara posizione contro il regime, sua madre era stata catturata e giustiziata.

A poco più di vent'anni, ogni giorno della mia settimana lavorativa mi ricordava quanto fossi incredibilmente fortunata a vivere in un Paese con un governo eletto democraticamente, in cui la rappresentanza legale e un processo a porte aperte sono un diritto per tutti.

Ogni giorno raccoglievo sempre più prove delle crudeltà che l'essere umano è disposto a infliggere ai suoi simili pur di assumere il potere o mantenerlo. Cominciai a fare brutti sogni, veri e propri incubi, su quello che vedevo, sentivo e leggevo.

Eppure, ad Amnesty International ho imparato, sulla bontà del genere umano, molto più di quanto ne avessi mai saputo prima.

Amnesty mobilita migliaia di individui che non hanno mai subito la tortura o la detenzione a causa delle proprie idee e chiede loro di agire per conto di chi invece ne è stato vittima. Il potere dell'empatia umana, quando si concretizza nell'azione collettiva, riesce a salvare vite e liberare prigionieri. Un numero enorme di persone normali, il cui benessere e la cui sicurezza sono garantiti, si uniscono per salvare gente che non conoscono e non incontreranno mai. Partecipare nel mio piccolo a quel risultato è stata una delle esperienze che più mi hanno ispirata e resa umile nella vita.

A differenza di tutte le altre creature terrene, gli esseri umani possono apprendere e comprendere senza sperimentare di persona. Possono immaginarsi al posto degli altri.

Certo, come il genere di magia che si trova nei miei romanzi, si tratta di un potere eticamente neutrale. Lo si potrebbe usare per manipolare o controllare, non meno che per capire o essere solidali.

Possono *immaginarsi* al posto degli *altri*

"Possono rifiutarsi di sapere"

E molti, la loro immaginazione preferiscono non adoperarla affatto. Scelgono di rimanere comodamente entro i confini della loro esperienza, senza mai prendersi il disturbo di domandarsi come si sentirebbero se fossero nati diversi da quelli che sono. Possono rifiutarsi di ascoltare le grida o guardare al di là delle sbarre di una prigione; possono chiudere la mente e il cuore a ogni sofferenza che non li tocchi personalmente; possono rifiutarsi di sapere.

Sarei tentata di invidiare quelli che vivono così, se non fosse che non penso che abbiano meno incubi di me. Scegliere di vivere in spazi ristretti conduce a una forma di agorafobia mentale e ciò porta con sé altri terrori. A mio parere, chi è volutamente privo di immaginazione vede più mostri. Spesso ha più paura.

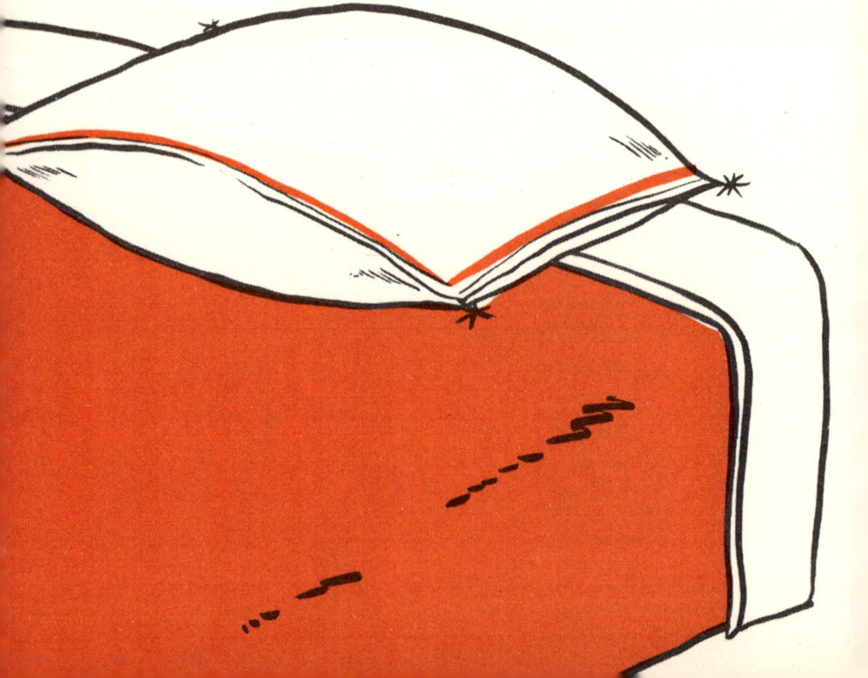

E per di più, chi sceglie di non mettersi nei panni altrui consente ai mostri di diventare reali. Perché, anche se non commettiamo un atto di esplicita crudeltà, con la nostra apatia ne diventiamo complici.

Una delle tante cose che ho imparato in fondo a quel corridoio degli studi classici in cui mi avventurai a diciott'anni, in cerca di qualcosa che allora non riuscivo a definire, è che, come scrisse l'autore greco Plutarco: «Ciò che conquistiamo interiormente modificherà la realtà esterna».

È un'affermazione sconcertante, eppure la vita di ognuno di noi la dimostra mille volte al giorno. Esprime, in parte, il nostro inevitabile legame con il mondo di fuori, il fatto che con il nostro semplice esistere influiamo sulla vita di altre persone.

N
O
E
S

Ma in che misura è più probabile che voi, laureati di Harvard del 2008, riusciate a influire sulla vita di altre persone? La vostra intelligenza, la vostra capacità di lavorare sodo, l'istruzione che vi siete guadagnati e avete ricevuto vi attribuiscono un prestigio eccezionale, ed eccezionali responsabilità. Persino la vostra nazionalità vi contraddistingue. La stragrande maggioranza di voi appartiene all'unica superpotenza che rimane al mondo. Il vostro modo di votare, il vostro modo di vivere, il vostro modo di protestare, le pressioni che esercitate sul vostro governo hanno un impatto che va ben al di là dei confini del Paese. È il vostro privilegio, e anche il fardello che portate.

Se sceglierete di usare il vostro prestigio e la vostra influenza per alzare la voce nell'interesse di chi non ha voce; se sceglierete di identificarvi non soltanto con i potenti, ma anche con i deboli; se conserverete la capacità di immaginarvi nei panni di chi non gode degli stessi privilegi, allora non saranno solo i famigliari orgogliosi a celebrare la vostra esistenza, bensì migliaia, milioni di persone la cui realtà avrete contribuito a modificare. Non occorre la magia per trasformare il mondo. Dentro di noi abbiamo già tutto il potere che ci serve: il potere di immaginarlo migliore.

Ho quasi finito. Ho un'ultima speranza per voi, ed è la stessa che nutrivo già a ventun anni. Gli amici seduti accanto a me il giorno della laurea sono diventati amici per la vita. Sono i padrini e le madrine dei miei figli, le persone a cui ho potuto rivolgermi nei momenti difficili, quelle che sono state tanto gentili da non farmi causa quando ho usato i loro nomi per i Mangiamorte. A legarci il giorno della laurea era un affetto immenso, l'aver vissuto insieme un momento che non sarebbe più tornato, e, naturalmente, la consapevolezza di possedere certe testimonianze fotografiche che si sarebbero dimostrate di straordinario valore nel caso in cui uno di noi si fosse candidato a Primo Ministro.

Oggi, dunque, non vi auguro niente di meglio che amicizie così. E domani spero che, anche se non ricorderete una sola delle mie parole, vi torneranno in mente quelle di Seneca, uno di quegli antichi Romani che conobbi quando scappai nel corridoio degli studi classici, rinunciando alla scala del successo per andare in cerca dell'antica saggezza:

« Come un racconto, così è la vita: non importa che sia lunga, ma che sia buona ».

Auguro buona vita a tutti. Vi ringrazio molto.

Auguro buona vita a tutti

L'autrice

J.K. Rowling è l'autrice dell'intramontabile saga di Harry Potter. L'idea le venne nel 1990, mentre viaggiava a bordo di un treno in ritardo. Fu allora che concepì le avventure di Harry, Hermione e Ron, che diventarono poi una serie di sette libri. Il primo, *Harry Potter e la Pietra Filosofale*, fu pubblicato nel Regno Unito nel 1997 e l'ultimo, *Harry Potter e i Doni della Morte*, dieci anni dopo. J.K. Rowling ha scritto inoltre i tre libri della Biblioteca di Hogwarts, per beneficenza: *Il Quidditch attraverso i secoli* e *Gli Animali Fantastici: dove trovarli* (a sostegno di Comic Relief e Lumos) e *Le Fiabe di Beda il Bardo* (a sostegno di Lumos). Ha collaborato alla stesura dell'opera teatrale *Harry Potter e la Maledizione dell'Erede*, pubblicata anche in forma di sceneggiatura. Tra i suoi libri per ragazzi ricordiamo *L'Ickabog* e *Il Maialino di Natale*, usciti rispettivamente nel 2020 e nel 2021, entrambi bestseller internazionali. È anche autrice di libri per adulti, tra cui una serie di gialli. Per il suo prezioso contributo alla letteratura ha ricevuto numerosi premi e onorificenze. Attraverso Volant, l'ente di beneficenza da lei creato, sostiene molte cause umanitarie ed è la fondatrice di Lumos, un'organizzazione benefica dedicata ai bambini.

Per saperne di più su J.K. Rowling, visita jkrowlingstories.com.

Ci sono almeno 5,4 milioni di bambini negli orfanotrofi del mondo – anche se l'ottanta per cento di loro non sono orfani.

La maggior parte di questi bambini finisce in istituto perché i genitori sono poveri e non possono provvedere adeguatamente a loro. E anche se molti istituti vengono aperti e sostenuti con le migliori intenzioni, più di ottanta anni di ricerche dimostrano che crescere in orfanotrofio mina la salute e lo sviluppo dei bambini, aumenta il rischio di esposizione agli abusi e al traffico di esseri umani e riduce drasticamente le possibilità di avere un futuro felice e sano.

Per farla breve, i bambini hanno bisogno di famiglie, non di orfanotrofi.

Lumos, ente di beneficenza fondato da J.K. Rowling, porta il nome dell'incantesimo che nel mondo di Harry Potter illumina i luoghi più bui. Noi di Lumos facciamo proprio questo: diamo voce ai bambini nascosti negli istituti e trasformiamo i sistemi di assistenza a livello globale, perché tutti i bambini abbiano la famiglia di cui hanno bisogno e il futuro che meritano.

Grazie per aver acquistato questo libro. Se volete unirvi a J.K. Rowling e a Lumos in questo movimento globale per il cambiamento, potete scoprire come fare su wearelumos.org, @lumos e su Facebook.

Fotocomposizione Editype s.r.l.
Agrate Brianza (MB)

Questo libro è stampato col sole

Azienda carbon-free

Finito di stampare
nel mese di novembre 2023
per conto della TEA S.r.l.
da Grafica Veneta S.p.A. di Trebaseleghe (PD)
Printed in Italy